La bouche pleine

Du même auteur
dans la même collection

À mots croisés
Je t'aime, je t'aime, je t'aime…

Création graphique :
Sterenn Heudiard (pages intérieures) et Bruno Douin (couverture)

300, rue Léon-Joulin, 31101 Toulouse Cedex 9, France
Loi 49-956 du 16 juillet 1949
sur les publications destinées à la jeunesse
ISBN : 978-2-7459-3535-9
www.editionsmilan.com

Bernard Friot

La bouche pleine

Poèmes pressés

MILAN POCHE

J'ai

fa

im

de **vocabulaire**

feuille à feuille ***je grignote***

le dictionnaire

pique-nique tartine carambole

topinambour mozzarella potimarron

je picore je croque je déguste

des mots goûteux délicieux savoureux

croquembouche chipolata profiterole

risotto ramboutan mimolette et **parmesan**

mon appétit est sans limites

je suis un rat de bibliothèque

j'ai faim de vocabulaire

pissaladière hochepot piccata

grenadin koulibiac apfelstrudel tandoori

nems et **tortillas**

dans ma cuisine je parle toutes les langues

je me brûle les doigts et les papilles

aux sonorités épicées des mots que *je mâchouille*

moussaka kouign-amann jambalaya

aiguillette baba crépinette et **ratatouille**

jamais je ne serai rassasié

de papier imprimé

mousse

sur ta bouche le mot bulle et pétille

dis-le encore

mousse   m o u s s e

tes lèvres s'ouvrent sur le *m*

le *s* est un long soupir

je ferme les yeux
je verse le mot dans un verre
et si je le bois
ça piquera
un peu

mousse

sur ta bouche le mot roule et s'attendrit

dis-le encore

mousse   m o u s s e

m tes lèvres font la moue

s ta langue caresse tes dents

je ferme les yeux

je prends le mot à la petite cuillère

et si j'avale

je saurai quel goût

tu as

un peu
un tout petit peu
un zeste une pincée
quelques grammes seulement

un peu
un tout petit peu
un doigt quelques gouttes
juste un filet

un peu
un tout petit peu
une bouchée une lichette
quelques miettes pas plus

un peu
un tout petit peu
rien qu'un morceau une tranche
fine très fine s'il vous plaît

un peu
beaucoup
énormément
pas du tout

en voulez-vous ?

choco*la*t chaud
chaud **cho**co*la*t
co*la*t **cho** chaud
*la*t **cho** chaud co
cho co chaud *la*t
chaud *la*t co **cho**
co **cho** chaud *la*t
*la*t chaud co **cho**
cho chaud *la*t co

avant de le déguster
il faut remuer **longtemps**
longtemps
le chocolat chaud

tchac tchac tchac tchac
rythme endiablé
du couteau aiguisé
sur la planche à découper

carottes et courgettes
en dés réguliers
oignons émincés
quartiers de pomme
tomates en rondelles
et les frites bien alignées

couper hacher détailler
le cuisinier est moitié assassin moitié chirurgien
un peu musicien aussi

tchac tchac tchac tchac
rythme endiablé
du couteau aiguisé
sur la planche à découper

Quelle salade
non mais quelle salade !

La scarole batifole
la laitue a un chapeau pointu
la romaine se déchaîne
la batavia en est gaga.

Quelle salade
non mais quelle salade !

La frisée est décoiffée
l'endive est maladive
la mâche est dans le potache
la doucette met ses lunettes.

Quelle salade
non mais quelle salade !

Le pissenlit est assoupi
la roquette vend des chaussettes
la feuille de chêne a des migraines
et le cresson est un peu rond.

Quelle salade
non mais quelle salade !

le cœur au bord des lèvres
et bouche cousue
ma main est une fourchette
mon pied une cuillère à dessert
et dans ma tête
y a des petits pois
mon frère
y a des petits pois

les yeux plus grands que le ventre
et langue pendue
mes doigts sont des baguettes
mes joues des râpes à fromage
et dans ma tête
flan au lait et vol-au-vent
mon frère
vol-au-vent et flan au lait

j'ai fait une dînette
trois cacahouètes
deux rondelles de courgette
une cuillère de coquillette
et trois miettes de gaufrette
quelle fête mes amis quelle fête

tu as fait un bon dîner
carottes râpées
une cuisse de poulet
un peu de purée
et trois boules de sorbet
pas mal pas mal mais la note était un peu salée

il a fait un vrai gueuleton
trois saucissons
un énorme chapon
du bœuf miroton
du foie gras du saumon
une bûche aux marrons
et il est mort d'indigestion

Le *citron* est très pressé
la *salade* est fatiguée
les *échalotes* sont revenues
les *pommes* ont de gros pépins.

Et les carottes sont cuites
oui
et les carottes sont cuites !

L'*oignon* est complètement piqué
le *chou-fleur* est gratiné
les *champignons* ont toute leur tête
l'*aubergine* a la peau dure.

Et les carottes sont cuites
oui
et les carottes sont cuites !

L'*orange* ne fait pas de quartier
la *crème* est bien fouettée
les *blancs d'œufs* sont battus
les *pommes de terre* sont écrasées.

Et les carottes sont cuites
oui
et les carottes sont cuites !

c'est pas du gâteau
c'est pas de la tarte
non oh non

juste une tartine
beurre et pain frais
et par-dessus
la confiture de mémé Renée
abricots dorés
ou fraises d'été

c'est pas du gâteau
c'est pas de la tarte
mais hm que c'est bon

rudement bon
je mords dans la tartine
et m'en lèche les babines
ça coule sur le menton
ça dégouline sur la nappe en coton
je ramasse avec les doigts
plus une trace

c'est pas du gâteau
c'est pas de la tarte
non oh non

c'est bien meilleur que ça!

un morceau de citrouille
trois tranches d'andouille
et je touille je touille je touille
un kilo de nouilles
six pattes de grenouilles
un peu de jus de cornouille
et je touille je touille je touille
oh carabistouille ça bouille !
ouille ouille ouille
quelle tambouille
mais je mouille je bidouille je patouille
et je touille je touille je touille
et voilà dit fièrement la sorcière Émigandouille

goûtez comme elle est bonne exquise déliziouille

ma ratatouille

À consommer de préférence avant la date indiquée sur le dessus du paquet.

À conserver à l'abri de l'humidité et de la chaleur.

À stocker dans un endroit sec.

À déguster avec une noix de beurre.

À sucer sans croquer.

À diluer dans un verre d'eau sucrée.

À remuer lentement au cours de la cuisson.

À laisser reposer au frais.

À renifler prudemment avant d'avaler.

À prendre avec des pincettes.

À planquer sous son lit pour pas se le faire piquer par le petit frère.

À renverser de préférence sur la tête de sa voisine de palier.

À découper en rondelles avant de le donner au chien de la concierge.

À faire ingurgiter de force au cousin de l'employé d'état civil.

À jeter vite fait bien fait dans la bouche d'égout.

À ne surtout pas conserver en aucun cas à aucun prix.

À recracher immédiatement en cas d'absorption par inadvertance.

À laisser reposer en paix pour toujours.

Allez,

à t

able

j'ai invité à dîner
ma voisine asthmatique
mon cousin géomètre
ma concierge et son caniche
ma sœur institutrice
et son fiancé mécanicien
sans oublier mon copain Adrien
et mamie Lucie qui m'a promis
de faire pour le dessert une tarte aux abricots

j'ai invité aussi
mon professeur de clarinette
mon entraîneur de judo
le maître nageur de la piscine municipale
(c'est normal : il a repêché au fond du grand bassin mon masque de plongée)
la boulangère de la rue Poussin
ah et puis bien sûr mon gentil facteur

mais **toi**
toi qui ce matin
m'as souri
en agitant la main
toi
je n'ai pas osé
t'inviter

alors
si
en ce moment
tu penses à moi
viens
oh oui
viens
c'est **toi**
que j'attends

Allez, à table

le couvert est mis
assiette couteau fourchette
verre et cuillère à dessert
corbeille à pain dessous-de-plat
pot à eau pichet de vin.

Asseyez-vous mais oui c'est prêt.
Bon appétit. Merci toi aussi.
Tu me verses de l'eau s'il te plaît ?
Tu me passes un morceau de pain ?
Sers-toi pendant que c'est chaud.
Qui veut encore de la salade ?
Un peu trop salé vous ne trouvez pas ?
Hm un régal cette mousse au chocolat.
Il y a encore des petits gâteaux à la cannelle ?
Tu as des nouvelles de tante Isabelle ?
Attention Anthony tu vas renverser ton verre.
Bon, aide-moi à débarrasser
pose tout sur l'évier j'ai oublié de vider le lave-vaisselle.
Mets le restant de poulet au Frigidaire.
Simon, n'oublie pas de te brosser les dents.

Voilà, c'est terminé

la famille est dispersée
quelques miettes sur la nappe
une chaise renversée
et tous les mots échangés
ont roulé sur le parquet ciré.
On les ramassera peut-être demain matin
au petit déjeuner.

hmmmmm **délicieux** vraiment **délicieux**
ahhhhh *(long soupir)* **divin** ! ce risotto est **divin**
(cuillère longuement léchée) **exquis** tout simplement **exquis**
waouh trop bon ce truc je peux en ravoir ?
pas mal y a pas à dire pas mal du tout
la cuisson est **parfaite** le mélange des saveurs
    bien équilibré l'assaisonnement a **exactement**
    la touche d'acidité qui convient c'est **bien**
moi j'aurais ajouté une pointe de curcuma
    pour adoucir le goût des endives
putain c'est géant cette bouffe ça déchire
ben c'est presque aussi bon que du ronron ha ha ha
excellent excellent toutes mes félicitations

vous l'avez fait vous-même ou ça vient du traiteur ?
j'espère que c'est facile à digérer j'aurais peut-être dû prendre un cachet avant
la prochaine fois que vous viendrez je vous ferai goûter mon épaule d'agneau confite
non merci c'est très bon mais faut que je fasse attention à ma ligne *(petit rire)*
tu t'es surpassée aujourd'hui ! tu me donneras la recette ?

ouais bof ça se mange
mais moi je préfère le gratin de pâtes
avec plein de béchamel et de fromage râpé !

Après le repas.

Assiettes entassées, reste de vin au fond d'un verre, nappe froissée, tachée, miettes de pain. Une serviette par terre, et dans le vase les fleurs sont fanées.
Ceux qui ne fument pas sont dans le salon. TANTE SYLVIE somnole au creux d'un fauteuil. ANTOINE et MARIE regardent des photos. Le cousin ÉTIENNE explique quelque chose à SAMIA. Et le petit GASPARD, allongé sur le tapis, démonte une petite voiture.
Les fumeurs sont sur le balcon. ALINE écrase sa cigarette dans un pot de fleurs. ONCLE JULIEN souffle la fumée par le nez.
Il est quatre heures passées.
– *Je reprendrais bien un peu de café*, dit MARIE.
– *Maman, j'ai mal au ventre*, dit le petit GASPARD.

Mais personne ne l'entend.

taper du poing sur la table
et la vaisselle vole en éclats
verres brisés bouteilles renversées
qui a mis les pieds dans le plat ?

sourires gênés silence embarrassé
plus envie de manger
estomacs noués serviettes froissées
on n'a pas servi le dessert

si c'est comme ça je m'en vais dit mamie
moi aussi dit oncle Louis
en finissant d'un trait son verre de vin *(un puligny-montrachet 1998)*
oh non *ne me faites pas ça* supplie tante Alberte
il y a des œufs à la neige au dessert

Lola trempe un doigt dans la sauce au chocolat
le lèche en fermant les yeux
personne ne la regarde
alors elle boit une gorgée de vin dans le verre de son père
euh pas terrible
ça ne vaut pas
franchement
le sirop de framboise

autour d'elle les voix se sont tues
c'est fini

peut-être

ils disent : **McDo**
c'est dégueulasse
c'est pas de la nourriture
c'est de la bouffe

mais moi j'aime ça
quand on y va
avec les copains
après le cinéma

ils disent : **le Coca**
c'est mauvais pour la santé
trop sucré et en plus
c'est américain

OK
mais c'est bon
après le match
pschitt ça fait
quand on décapsule
la canette

ils disent : **les frites**
c'est gras
tu verras plus tard
le cœur *et cetera*

d'accord d'accord
quand je serai grand
je mangerai salade et légumes frais
mais en attendant
s'il vous plaît
moules frites à volonté
avec mayonnaise et ketchup

allez allez
souriez
santé !

Un enfant devant la boutique du pâtissier. Il écrase son nez contre la vitrine. Il contemple les gâteaux. Fraisier, tartes aux pommes, paris-brest, charlotte aux framboises, délice aux poires. Il sait tous les noms, il connaît toutes les saveurs.
Mais il n'a pas le droit.
De manger des gâteaux.
Trop gros.
Les gâteaux.
Et lui aussi.
A dit le médecin.

FAIRE ATTENTION. RÉGIME. NOURRITURE ÉQUILIBRÉE. DES LÉGUMES, DES FRUITS.

Pas de gâteaux.
Mais moi j'aime les gâteaux, dit l'enfant, le nez collé à la vitrine. ***J'aime les gâteaux, j'aime les gâteaux, je m'en fiche d'être gros.***
Il recule d'un pas, essuie d'un revers de manche la trace laissée sur la vitrine. Et sourit.
Quand je serai grand, je serai pâtissier.
Dit-il.

Assise sur le trottoir, jambes croisées, une jeune fille tient dans ses mains un morceau de carton. Elle a écrit à la craie rouge : **Pour manger SVP.** Elle a la tête penchée et la capuche de son anorak est tirée pour cacher son visage. Devant elle, un gobelet de plastique avec trois pièces jaunes.

Une dame passe, bonnet blanc tricoté, long manteau noir, épais, et bottes élimées. Elle rentre du marché, des queues de poireaux dépassent de son cabas à roulettes.

Elle passe vite, repliée sur elle-même. *Il fait froid.* Froid. Doigts glacés.

Frimas. Elle passe. Et puis s'arrête.

Elle fouille dans son cabas. Sort deux oranges, un morceau de pain. Elle rompt le pain entre ses mains, enroule une moitié dans le papier fragile.
Et puis retourne sur ses pas.
Et puis se baisse.
Et puis dépose devant la pancarte le pain, les oranges.
Et puis se relève. Ah, les reins. Mal.
Entre ses dents, elle marmonne :

« Faudrait que tu te fasses une soupe,
oh oui, une bonne soupe bouillante,
tu sais faire la soupe ? »

Elle n'attend pas la réponse. Repart.
Les roues du cabas grincent un peu.

Un peu.

La limonade pique le nez
c'est l'été.

Le soleil perce les arbres
et dessine sur la peau des ronds de lumière.
On a couru dans le grand pré à côté des immeubles de la cité.
Sur un banc maman nous attendait avec un panier :
tranches de melon gâteau au yaourt et limonade
glacée.
On s'est assis par terre.
maman a donné à chacun un gobelet en carton
et une tranche de melon
puis elle a versé la limonade.
Aziz a demandé : « **Je peux boire à la bouteille ?** »
Maman n'a pas voulu.

Lia a trempé le melon dans son gobelet et puis elle a sucé.
« **C'est rudement bon** » *a-t-elle dit. Nora l'a imitée.*
Enzo n'a pas voulu de gâteau.
« **Tu me donnes ta part ?** » *a demandé Kevin.*
« **Comment tu fais pour manger autant et être aussi maigre ?** »
a demandé maman.
« **Je sais pas** » *a répondu Kevin, la bouche pleine.*
« **Il est super bon, votre gâteau.** »
Nora s'est levée et s'est mise à danser, lentement, en tournant sur elle-même. Lèvres entrouvertes, Enzo la regarde. Non : il la dévore des yeux.
« **Qu'est-ce qu'on est bien !** » *dit Lia.*
Maman, du bout du doigt, cueille les miettes tombées sur sa jupe.

Il faudrait s'arrêter ici.
Que plus rien ne bouge.
Été figé sur papier glacé.
Bulles jamais éclatées.

Été.

toi qui n'es pas invité
jamais
tu passes devant la maison éclairée
par la porte-fenêtre tu les vois
attablés
ils gesticulent lèvent leur verre passent les plats
tu presses le pas remontes le col de ton manteau
il fait plus froid tout à coup
tu pourrais entrer dans un bar
un cinéma
non tu préfères marcher le long des quais
regarder une péniche remonter le fleuve

sur le pont de la péniche
une femme accroche du linge à un fil
TU LUI FAIS UN SIGNE DE LA MAIN
elle répond
et sourit

c'est fini

TU RENTRES CHEZ TOI
dans une boulangerie TU ACHÈTES UNE DEMI-BAGUETTE
et un éclair au chocolat
DÉPÊCHE-TOI
la charcuterie va bientôt fermer

J'ai *en*

vie

de te **croquer**

Toi mon canard
(dit l'ogre)
je vais te **manger**
EN PÂTÉ.

Toi mon lapin
(dit l'ogre)
je vais te **déguster**
EN CIVET.

Toi mon poulet
(dit l'ogre)
je vais te **dévorer**
RÔTI et BIEN DORÉ.

Vraiment

vraiment

mon enfant

tu es appétissant

ROSE DODU ALLÉCHANT

et TENDRE certainement.

Ah oui

j'ai envie

de te **croquer**...

Mais que c'est embêtant

vraiment

à trop manger de sucreries

bonbons et pâtisseries

j'ai perdu toutes mes dents.

cœur de céleri
et queue de radis
pied de salade
et tête de chou
les yeux des pommes de terre
et la peau des oranges
la chair tendre de la pêche
et le sang des tomates

je dis que je suis végétarien
mais attention
pour
ou

une ratatouille
une salade de fruits

j'ai un appétit de cannibale !

Ma maman
est en croquant
mon papa
en chocolat
mon frère Léon
est en citron
ma sœur Agathe
en sauce tomate.

Pépé André
est en sucre filé
mamie Annie
en pain de mie
tonton Noël
en caramel
tata Évelyne
en nougatine.

Et moi et moi ?
Je suis en pamplemousse
je suce mon pouce.
Je suis en ananas
me mords les doigts.
Je suis en pâte de coings
je mange mon poing
aïe aïe aïe !

je me ronge les ongles *(c'est bon)*

je me mords les doigts *(délicieux)*

je mange mon poing *(excellent)*

et mon bras ?
mon bras ?
pouah, j'en veux pas !

ça **c**ra**que** **qu**and je **c**ro**que**

chips et gâ**t**eaux se**cs**

et la bague**tt**e **c**rous**t**illan**t**e

du goû**t**er

en é**t**é

ça **c**ra**que** **qu**and je **c**ro**que**

cra**ck**ers **c**ros**t**ini

caro**tt**es **c**rues

pommes d'api

à pleines dents

faim de loup

et rêves fous

papa a mangé Natacha
mais il ne savait pas
savait pas
qu'il mangeait Natacha
il croyait *(je crois)*
que c'était un carré de chocolat
ou trois petits pois

non non
ce n'est pas ça
je raconte n'importe quoi

Natacha n'existe pas
et son papa ?

son papa je ne sais pas
de toute façon depuis qu'il a mangé Natacha
il a mal à l'estomac

bien fait pour *lui*
s'il avait mangé Thomas Nicolas ou Amanda
il n'aurait pas mal à l'estomac
certainement pas
juste un petit peu mal au foie

mon petit doigt est en chocolat
(c'est lui qui me l'a dit)

l'annulaire est en anis
(quel pastis !)

le majeur pommes poires et cassis
(une vraie compote)

l'index est en nougat
(attention les dents)

le pouce en pain d'épice
(suce ton pouce suce ton pouce)

et la main ?
et la main ?

peau de lapin !

(c'est pas malin)

je veux ma part du gâteau
tarte aux cerises ou abricots

je veux le plus gros morceau
poulet rôti et gigot d'agneau

je veux m'en fourrer jusque-là
poisson pané mousse au chocolat

je veux m'en faire sauter les bretelles
champignons et tagliatelles

et je vous préviens
je n'en laisserai pas une miette
haricots verts sauce poulette
rouleaux de printemps et pâté d'alouettes

je vais te réduire en bouillie
je vais te hacher menu
je vais t'étriper te griller les pieds
te couper en rondelles
te passer à la moulinette
te transformer en steak haché
faire de toi de la chair à pâté
pif paf te coller trois marrons
paf pif prends ça sur le melon
en plein dans le citron
je vais te réduire en marmelade
tiens ! bien fait pour ta pomme

et puis quand j'en aurai assez
je te ramasserai
à la petite cuillère

Si j'étais doux comme un agneau
j'aurais peur pour mes gigots.

Si j'avais une tête de cochon
j'aurais peur pour mes jambons.

Si j'étais bavard comme une pie
j'aurais peur qu'on me cloue le bec.

Si j'étais long comme un jour sans pain
j'aurais peur d'être mis en miettes.

Si j'étais acide comme un citron
j'aurais peur d'avoir des pépins.

Et **Si** j'avais un cœur d'artichaut
j'aurais peur de finir dans ton assiette
à la vinaigrette.

J'aime pas ça
j'en veux pas
c'est pas bon
c'est dégueu
ça me dégoûte
ça m'écœure
beurk
je peux pas
je peux pas
avaler ça !

J'ai la nausée
rien qu'à l'idée
d'y goûter
c'est infect
c'est immangeable
abominable
épouvantable
je me pince le nez
tellement ça sent mauvais.

J'aime pas ça
j'en veux pas
c'est pas bon
c'est dégueu
ça me dégoûte
ça m'écœure
beurk
je peux pas
je peux pas
avaler ça !

– Grosse patate.

– Espèce d'andouille.

– T'es rouge comme une tomate.

– T'es maigre comme un haricot.

– Tu vas te prendre un marron.

– Je vais te flanquer une châtaigne !

– T'as un pois chiche dans la tête !

– Toi, ta cervelle, c'est du fromage mou.

– Arrête tes salades !

– Ferme ta boîte à camembert !

– Tu me prends pour une poire ?

– Pauvre pomme !

– Arrête, je sens que la moutarde me monte au nez !

– Ça, c'est fort de café !

– Tu comptes pour des prunes !

– Et toi pour du beurre !

– C'est pas ma tasse de thé.

– Je ne mange pas de ce pain-là !

– C'est pas tes oignons.

– Faut toujours que tu mettes ton grain de sel !

Ah mais c'est pas de la tarte avec ces deux-là ! Ça va finir en eau de boudin. Pour les réconcilier je vais avoir du pain sur la planche. C'est pas du tout cuit vraiment. J'ai bien peur de tomber sur un os. Bon, arrêtons de tourner autour du pot. Il faut trancher dans le vif : s'ils ne mettent pas un peu d'eau dans leur vin, pan, une beigne à chacun ! Ils en resteront babas et pleureront comme des madeleines. Et moi je boirai du petit-lait. Na !

C'est vrai quoi, s'ils continuent, ils vont me couper l'appétit !

J'ai un

poi

ds

sur l'estomac

encore maman encore
un morceau
juste un morceau
de gâteau

encore maman encore
une cuillère
juste une cuillère
de dessert

encore maman encore

encore maman encore
puisque papa n'est plus là
oh croque-moi
embrasse-moi
tout chaud
dévore-moi
de caresses de tendresse
toi-même tu l'as dit
je suis ton chou à la crème
ton bonbon ton baba

encore maman encore
oh oui maman

encore

MAL AU VENTRE
mal au **cœur**
j'ai trop mangé
ou pas assez.

MAL AU VENTRE
mal au **cœur**
il y a des choses
qu'on ne peut pas digérer.

J'AI UN POIDS SUR L'ESTOMAC
UN CHAGRIN QUI PÈSE DES TONNES
J'EN AI LA TÊTE TOUTE BARBOUILLÉE.

MAL AU VENTRE
mal au **cœur**
j'ai trop aimé
ou pas assez.

EN ENTRÉE
des carottes râpées
et un tout petit baiser
sur le nez
c'est pas assez !

PLAT PRINCIPAL
un steak de cheval
et un câlin bancal
là où ça fait mal
quel régal !

ET AU DESSERT
crème au citron vert
plus dix caresses
à l'endroit à l'envers
c'est l'ivresse !

midi
envie
de raviolis

pas faim
ce matin
chagrin

quatre heures
un petit-beurre
bonheur

et ce soir
petits pois au lard
je broie du noir !

rose bonbon

bleu bonbon

vert bonbon

noir bonbon

jaune bonbon

rouge bonbon

blanc bonbon

couleurs bonbon colorants artificiels

c'est marqué sur le paquet
couleurs **bo**n**bo**n sur tes mains sur mes lèvres
c'est pas bon DIT MAMAN
du poison DIT PAPY
chimie DIT TATIE SOPHIE
et alors on s'en fiche
c'est ça qu'on veut
justement
des couleurs comme des ballons
rose **bo**n**bo**n bleu **bo**n**bo**n vert **bo**n**bo**n noir **bo**n**bo**n
contre le gris de la pluie
ou du chagrin
bon**bo**ns si bons
pour adoucir
les petits **bobo**s
de la vie

soif

soif

je tire la langue

bouche sèche peux à peine parler

soif

soif

eau fraîche thé glacé

me désaltérer

s'il vous plaît

soif

oui **soif**

mais d'autre chose encore

d'un rêve immense d'une mer inconnue

ou d'une goutte d'eau **juste une goutte d'eau**

dans le creux de ta main

Assiette pleine
ventre rond

**assiette vide
ventre ballon.**

Tu as trop mangé
tu n'as plus faim.

**Il n'a rien à manger
il meurt de faim.**

*Est-ce qu'au moins
ça te coupe
l'appétit ?*

TREMPER LES DOIGTS
confiture et chocolat
barbe à papa rutabaga
LÉCHER LA CUILLÈRE
béchamel sauce Nantua
et puis **T'EMBRASSER**
sucré salé.

confiture et chocolat
barbe à papa rutabaga
béchamel sauce Nantua

J'aime cette chanson-là
le couplet est gourmandise
le refrain une friandise
j'aimerais tant la chanter
avec toi.

j'ai mal au ventre
m a m a n
trop mangé ou tête malade
je ne sais pas
j'ai mal au ventre
m a m a n

ça ne va pas
ça ne passe pas
p r é p a r e   u n e   t i s a n e
e t   p u i s
s u r t o u t
s u r t o u t
p r e n d s - m o i   d a n s   t e s   b r a s

j'ai mal au ventre
m a m a n
mal au ventre
quand tu n'es pas *l à*

donne-moi la recette

INGRÉDIENTS PRÉPARATION TEMPS DE CUISSON

donne-moi la recette

moi aussi je veux CUISINER MITONNER MIJOTER

METTRE LES PETITS PLATS DANS LES GRANDS

donne-moi la recette

j'apprendrai LES SECRETS LES TOURS DE MAIN

pour régaler mes amis

donne-moi la recette

je serai CORDON-BLEU MAÎTRE QUEUX

et grâce à toi je saurai

(si j'ai la recette)

rendre les gens heureux

buvez
buvez chaque matin
trois gouttes de rosée
cueillies sur une fleur d'oranger

(c'est mon secret
mon secret
pour naître au jour
sans peur des ombres ni du soir)

buvez
buvez chaque midi
trois doigts de vin miellé
versés dans la main d'un mendiant

(c'est mon secret
mon secret
pour vivre dans la lumière
sans fermer les yeux)

buvez
buvez chaque soir au souper
trois larmes douces-amères
cueillies aux yeux d'un enfant étonné

(c'est mon secret
mon secret
pour mourir apaisé
en rêvant à demain matin)

D'autres

Poèmes pressés

de

Bernard Friot

À mots croisés

Un recueil sur les mots,
les mots dits, les mots écrits,
les mots non dits…
Des poèmes à lire
entre les lignes.

Je t'aime, je t'aime, je t'aime…

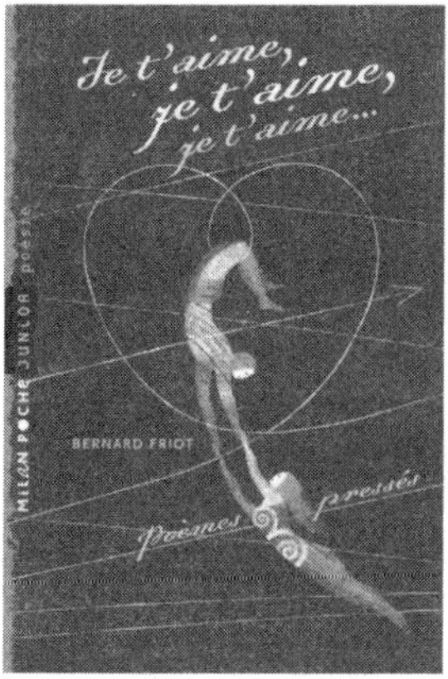

Des poèmes sur l'amour
et sur les trente-six façons
de se dire « Je t'aime. »
À lire quand
on est amoureux…
ou pour le devenir.

Les

Histoires pressées

de

Bernard Friot

Histoires pressées

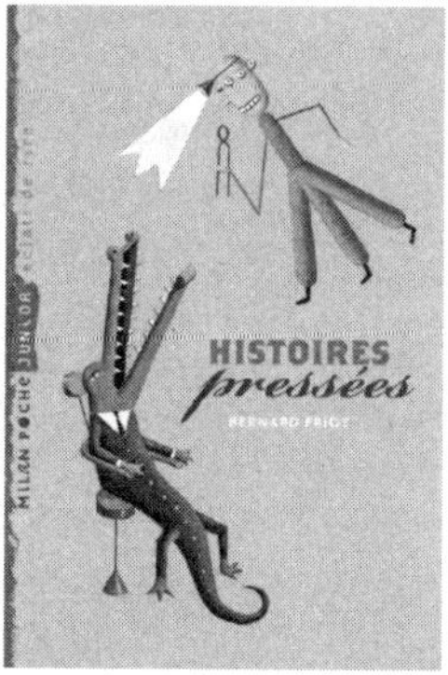

Nouvelles histoires pressées

Encore des histoires pressées

Pressé, pressée

Pressé ? Pas si pressé !

Achevé d'imprimer en France
par France-Quercy, à Mercuès
Dépôt légal : 3e trimestre 2008
N° d'impression : 81600a